Hund graver sig ud under Hæk og Hegn

- Problemløsning: Genbrug af jernrør, byggeaffald og natursten.

OBS: Drift af Gedser Forsøgsmølle indgår også i bogen

Hund graver sig ud under Hæk og Hegn
- Problemløsning: Genbrug af jernrør, byggeaffa rsten.
OBS: Drift af Gedser Forsøgsmølle indgår også i boge

Forfatter: Gitte Ahrenkiel
Udgivet: December 2020
Udgivet af: www.gahrgalleri.dk /v. Gitte Ahrenkiel

Fotograf: Gitte Ahrenkiel
Forlag: Books on Demand GmbH, København, Danmark
Fremstilling: Books on Demand GmbH, Norderstedt, Tyskland

ISBN: 9788743026242

Indholdsfortegnelse:

Intro

Labrador-hvalpen Gaby ankom til vores ejendom i slutningen af oktober 2019, hvor hun fra første dag deltog i vores udendørs aktiviteter. Således også i opførelse af et shelter baseret på genbrugsmaterialer, leveret af borgere på Sydfalster. Til absolut fordel holdt Gaby sig i nærheden af os. Nok gik hun på opdagelse men lærte hurtigt at være inden for kalde-afstand.

På foto nedenfor ses shelters placering i anlægget Gedser Ginkgo Soundgarden, der ligeledes er opført af genbrugsmaterialer leveret af lokale samt er tilplantet med Ginkgo-træer (heraf navnet). Alt dette har til formål at tiltrække turister til den verdenskendte Gedser Forsøgsmølle, som ses i baggrunden og som vi planlægger at rekonstruere og sætte i drift. Gedser Forsøgsmølle er stammoder til vor tids vindmøller.

Gaby er kærlig, meget social men også et energibundt. Det blev demonstreret på Hvalpekurset, hvor hun i lege-pauserne blev sat sammen med en golden retriever han, der størrelsesmæssigt var hende overlegen og som kunne tumle hende. Begge hunde havde stor fornøjelse af disse møder.

På hjemmefronten er der heldigvis masser af plads til løb efter bold og til at afsøge de nærliggende marker for spændende fund. Fund, som hun stolt bringer hjem. Som nedenfor resterne af et lille rålam.

Fra privatboligen er der udsigt til mølletårn og anlægget med vindskulpturer. Haven er skærmet af med tjørnehæk, hvis stammer er omviklet af dyrehegn. Allerede som lille hvalp lærte Gaby, at den indhegnede have er hendes domæne, når det er aften, når der færdes folk ved møllen og når de omgivende marker pløjes og afgrøderne høstes.

Gaby er definitivt en graver. I haven begrænses det dog til at grave stokroser op. Men uden for haven får hun lov til at grave dybt. Blandt andet på gårdspladsen, hvor hun faktisk fandt et område med masser af grus.

Det viste sig , at Gaby havde gravet sig ned til ejendommens tidligere drikkebrønd. Denne er fyldt op med grus og da grus var noget vi kunne bruge til en planlagt terrasse foran Shelter, blandede vi os i Gabys projekt og kørte trillebøren i stilling.

LØMMELALDEREN

Dyrlægen havde advaret. Det samme havde venner med tilsvarende hyperaktive hunde. Og søgning på Internettet bekræftede: Når hvalpen runder de 6-9 måneder starter hundens naturlige frigørelsesproces, også benævnt Lømmelalderen. For nogle hunde med en varighed op til 2 år, for andre op til 4 år. Vi kender det selv fra tiden som teenagere, hvor vi gør oprør mod autoriteterne og gør os klar til et liv som selvstændige voksne. For hunden er det ulvens urgamle trang til at frigøre sig fra hvalpekuldet for at tilknytte sig eller starte en ny flok. Et af tegnene på lømmelalderen er, at hunden ikke adlyder, når der bliver kaldt på den. Hunden gør stort alt det, den ved den ikke må. For Gabys vedkommende betød det, at hun løftede dyrehegnet op og herefter løb glad ud til mejetærsker, cyklister og andre, der ankom til stedet. Som det ses af foto, blev tunge jernrør flettet ind i dyrehegnets nederste del og sat i spænd mellem stammerne på tjørn. Gaby accepterede, at det således ikke længere var muligt at trænge ud ad den vej.

Vores tidligere hund Hugo (labrador-blanding) blev kastreret, da han var 8 måneder. Måske forklaringen på, at Hugo ikke viste tegn på lømmelalder. Han forsøgte ikke på noget tidspunkt at grave sig ud under hegnet og han havde i det hele taget et roligt gemyt allerede som hvalp.

Hugo optrådte som fotomodel i bog om vores renoveringsarbejder på bygninger, da vi i 2014 købte ejendommen. Hugo blev desværre ramt af galopperende kræft og hidkaldt dyrlæge sørgede for, at han i vante omgivelser fik en smertefri, værdig død. Hugo blev 13 år.

Trods lømmelalder går Gaby faktisk pænt i snor, men hun slippes hurtigt fri. Behovet for at snuse, løbe efter bold og i det hele taget færdes uafhængigt på hendes territorium er stort. Det kræver dog godbidder at få hende til at reagere på kald, og det har øget hendes vægt.
Desværre er der gået sport i at bryde ud af haven. Og overskydende bjælker og tungt træ (fra opførelsen af Shelter) tages i anvendelse. Blandt andet på strækningen, hvor dyrehegn er udspændt over plæne.
Her er dyrehegnet bundet op på frugttræer og i nederste del holdt fast af gamle kantfliser og med kramper, hamret ind i plankerne. Gaby er heldigvis for tung og lavbenet til at springe over hegnet.

Gaby viser hellere end gerne, hvor hun er brudt ud.

Som det ses af foto, har hun løftet den tunge kantflise for at få plads til at grave et hul under hegnet.

Interessant nok forsøger hun ikke at hindre en ny opsætning af hegnet med en spærring af store marksten.

Efterfølgende tjekker hun og gør ikke yderligere forsøg på at trænge ud.
I hvert fald ikke nu og slet ikke, når der er tilskuere til stede.

Råd fra lystfisker: Fyld op med tunge sten

Der er godt fiskevand ved Gedser Forsøgsmøllle. Så vi har et fast klientel af tyske og danske lystfiskere, der parkerer deres biler ved det gamle mølletårn og i waders transporterer deres fiskegrej ned til stranden. Gaby har knyttet et særligt vedskab med en af disse lystfiskere. Han har også en labrador, der ligesom Gaby graver sig ud under havens indhegning. "Fyld hullerne op med tunge sten," lød hans gode råd.

Gaby har gjort det til en leg eller sport at bryde ud af den indhegnede have, men ikke for at løbe væk. Hver gang løber hun om på gårdspladsen, hvor hun står og venter ved havelågen ind til terrassen.

Så eftersom Gaby er en meget ihærdig pige, fortsætter arbejdet med at forvandle haven til et noget nær Fort Knox. Alt tages i brug: Tunge stolper og tilmed et gammelt trug af glaseret cement fra vores stald.

I et vildtvoksende område af haven har Gaby (ude af syne) fine muligheder for at afprøve forskellige graveteknikker og løsninger.

Generelt opfordres hundeejere til at placere hegnet godt 30 cm nede i jorden for at gøre det vanskeligt for deres hunde at grave sig ud. Vores have er et massivt virvar af rødder fra træer, hæk og buske. Så der fortsættes med en barriere oven på jorden af fliser, sten, kasserede stolper og lange jernrør.

Tunge sten og opbinding af hegn til tjørnehækkens stammer gør det ikke alene. Der skal også fyldes op med jord for at fastholde sten og gøre det svært for Gaby at skubbe dyrehegnet op.

Jorden hentes fra et bed i anlægget Et bed, der i forvejen skal udvides med flere sæbeurt og ginkgo-træer.

Gode venner har oplyst, at deres søde men også livlige hund blev roligere, da hun havde sin anden løbetid. Noget tyder på, at Gabys netop overstået anden løbetid også har effekt. Hvor hun før absolut skulle grave lige nøjagtigt der, hvor spaden blev sat i jorden, er hun begyndt at lægge sig ned ved trillebøren og holde øje med, at arbejdet bliver udført korrekt.

Vennernes hund bryder i øvrigt også ud af deres have. Primært for at følge efter datteren, når hun skal nå bussen.

Der skal en del kørsler med trillebør til for at opnå et ordentlig jorddække mellem hækkens stammer. Der suppleres også med luget ukrudt og afskårne grene. Arealet kan jo lige så godt anvendes til kompostering.

Gaby benytter sig af, at jordopfyldet ikke er helt på plads. Så da vi ikke har flere jernrør, flettes en lægte ind i dyrehegnet. Lægten er sat i spænd mellem sten og stammer.

Som vanligt deltager Gaby i det ekstra arbejde, som hun selv er årsag til. Hun iagttager og drager—i hendes lille hoved—sikkert konklusioner: Om flugtvejen nu er lukket eller om det stadig er muligt at trænge ud.

Fort Knox suppleres med byggeaffald

Venner er i gang med at etablere en sauna i et udhus. De har før leveret byggeaffald, der gjorde gavn som underlag for et flisegulv i vores staldbygning.

Nu tilbyder de en ny forsyning byggeaffald. Denne gang omfatter det gasbeton.

Tilbuddet kommer særdeles belejligt, da beholdningen af store sten er ved at være opbrugt.

Gaby afsøger jo hver centimeter, så placeringen af byggeaffaldet under hækken skal være nøje gennemtænkt. Efterfølgende skal der fyldes jord på byggeaffaldet.

Gasbeton et let materiale, men i hvert fald for nuværende opfatter Gaby størrelsen på blokkene som noget hun ikke skal bruge kræfter på at flytte rundt på.

Forbipasserende undrer sig selvfølgelig. Men når de får forklaret sammenhængen, smiler de anerkendende. En god måde at genbruge på.

Når der dækkes med jord og hækken får mere fylde, vil byggeaffaldet ikke længere være synligt.

Flugtdronning i aktion

Træneren, der håndterede Gaby på Hvalpekurset, vurderede, at hun var meget social, kærlig og lærevillig. Det sidste dog på visse betingelser, for når hun havde vist ham, at hun gik pænt i snor, var der ingen grund til, at han blev ved med at løbe baglæns for at lokke hende til sig. Så satte hun sig demonstrativt ned.

Trænerens mangeårige arbejde med hunde af alle racer fik ham på tidspunkt til at stille spørgsmål, om vi havde planlagt at bruge Gaby til udstillingshund? Han havde genkendt den særlige racetype inden for labrador, der er mere muskelløse, har kraftig knoglebygning og ja, som han meget betegnende (med glimt i øjnene) kaldte for "omvandrende sofaborde".

Han blev meget lettet, da han hørte, at det bestemt ikke var intentionen at bruge Gaby til udstillingshund.

Gaby skal selvfølgelig slankes. De mange godbidder, som hun i lang tid har insisteret på at få, når vi kalder på hende— droppes, så snart lømmelalderen er overstået. Det sker heldigvis oftere og oftere, at hun glemmer godbidden og kommer os i møde på smukkeste vis.

Forhåbentlig stopper hun også karrieren som flugtdronning. Hun har for længst afsløret, at hun har fabelagtige kræfter, stor smidighed og opfindsomhed til at finde veje ud af haven. Men hun ved også, at når især børnefamilier i anlægget spørger om de må hilse på/lege med hende—så bliver hun lukket ud af haven. Desuden får hun flere gange dagligt lov til at løbe frit på de omkringliggende marker og deltager som nævnt i stort set alle vores udendørs aktiviteter.

Imidlertid er det fascinerende at se hende i aktion som flugtdronning. For om ikke andet at vise andre hundeejere, hvad deres hvalpe er i stand til at præstere. På engelsk bruges udtrykket "Escape Artists".

Mission completed.
Flugtdronningen tager sig et velfortjent hvil efter endnu et vellykket forsvindingsnummer.

Gaby vogter Gedser Forsøgsmølle

Gaby er ikke en vagthund i traditionel forstand. Og skal heller ikke være det. Men hun gør, når hun ser folk bevæge sig rundt på arealet ved det gamle mølletårn. Det er et venligt gø ledsaget af logrende hale. Formålet er at varsko os i huset, så vi kan afgøre om, der er behov for at gå op og snakke med de besøgende eller som det ofte er tilfældet, er lystfiskere, der blot har parkeret deres biler ved tårnet

Torsdag den 3. december 2020 udsendte vores advokat en pressemeddelelse, hvor det blev bekendtgjort, at en tvist med en tidligere leaser af driften af hans egen nyere Wincon-nacelle var afsluttet og at det planlagte projekt med Rekonstruktion og Drift af den oprindelige Gedser Forsøgsmølle (opført 1957) kan genoptages.

Når rekonstruktion af det historiske tårn indledes, vil der ske en forøgelse af trafikken til ejendommen. På sigt også i form af blokvogne, der transporterer møllevinger samt en kran til at løfte disse op til montering på det gamle tårn.

Derfor er det, og har det været, så vigtigt at hindre Gaby i at bryde ud af haven. Fortsætter hun karrieren som flugtdronning, må vi alternativt etablere en særskilt, indhegnet løbegård til hende. Og det vil vi helst undgå, selv om terrassen ved boligen for så vidt egner sig til det.

Bogen er skrevet med henblik på at give eksempler på, hvordan vi har forsøgt (via genbrug) at forhindre vores hund i at grave sig ud af haven. Og med forhåbentlig læsernes forståelse, afsluttes med pressemeddelelsen om Gedser Forsøgsmølle, da aktiviteterne omkring denne historiske bygning påvirker Gabys adfærd.

Endelig præsenteres de igangværende udstillinger i staldbygningen. Udstillingerne er også medvirkende til øget trafik og Gaby er lykkelig for at vise rundt. Hvis vel at mærke at de besøgende ønsker det.

Advokat Jesper Popp

Bjerremarksgården 35, 4760 Vordingborg – **Tlf. (+45) 5537 0338**

Mobil 4019 8318 - Mail: popp@advopopp.dk - Bankkonto 6220 1010212 – www.advopopp.dk

PRESSEMEDDELELSE (inkl. fotos)

Rekonstruktion og drift af Gedser Forsøgsmølle kan genoptages

Efter drøftelser mellem parterne MC Wind I/S v/Lasse Kold, Randers, og Gitte Ahrenkiel, Gedser, og involverede advokater er det nu klarlagt, at ejerskabet af det historiske mølletårn i henhold til indgået forlig (meddelt Fogedretten i Nykøbing F. 16.04.2019) overgik til lodsejer Gitte Ahrenkiel ved årsskiftet 2019/2020.

Da ejerskabet af tårnet således er afgjort, finder vi tidspunktet inde til at offentliggøre, at det planlagte projekt om Rekonstruktion og Drift af Gedser Forsøgsmølle nu kan genoptages. Dette sker i allerede etablerede samarbejder med fredningsmyndigheder, museer m.fl.

Rekonstruktionsprojektet på Korsagervej 14 i Gedser, hvor det originale historiske tårn er lokaliseret, administreres af Foreningen: Drift af Gedser Forsøgsmølle, CVR: 41238992.

På vegne af Gitte Ahrenkiel

Advokat Jesper Popp, Bjerremarksgaarden 35 - 4760 Vordingborg

Telefon: 4019 8318, email: popp@advopopp.dk

til hvem juridiske spørgsmål kan stilles.

OBS:
Spørgsmål vedr. rekonstruktionsprojektet af Gedser Forsøgsmølle (bl.a. med udgangspunkt i efterfølgende fotos af lokalitet) rettes til

Gitte Ahrenkiel – 51417833 – gahr@gahrgalleri.dk

Information om Foreningen: Drift af Gedser Forsøgsmølle - http://gedserginkgo.com/gedser_forsogsmolle_forening.html

I 1993 blev Gedser Forsøgsmølles originale rotor og nacelle flyttet til Energimuseet i Jylland. Her blev to vinger renoveret og udstillet som en af museets populære attraktioner. Museet råder over Johannes Juuls samling af fotos, arbejdspapirer m.m. Foto: Energimuseet – http://energimuseet.dk/Energiemuseum-Startseite.aspx

Projektet "Rekonstruktion og drift af Gedser Forsøgsmølle" er koordineret med Energimuseet. Dvs. at udstillingen af den originale nacelle og de to vinger på museet opretholdes – hvorimod en replica bliver konstrueret og sat i drift på Johannes Juuls forsøgsområde i Gedser.

Replicaen adskiller sig på to punkter fra det originale koncept: Vingerne bliver produceret i glasfiber og opfylder dermed Johannes Juuls ønske fra 1957. Et andet ønske fra 1957 var at installere et nyere og stærkere gear. Begge forslag fra Juul blev i 1957 nedstemt af bestyrelsen i SEAS. Budgettet var stramt.

Museumsinspektør Jytte Thorndahl anbefaler inddragelse af teknisk ekspertise, men vurderer, at vinger i glasfiber er langt at foretrække frem for den originale kombination af stål, træ og aluminiumsplader med over 3000 skruer i hver vinge.

Hun mener også, at et nyere og stærkere gear kan installeres i nacellen – uden at det originale design synligt påvirkes. Vinger i glasfiber bliver konstrueret, så de i design minder mest muligt om de originale.

Indtjeningen fra den rekonstruerede Gedser Forsøgsmølle skal administreres af en Fond.

Privatfoto tilhørende ejendommen på Korsagervej 14. Foto er indsat i en collage og blev overdraget til os af tidligere ejer ved huskøbet 2014.

Den 2. juni 2016 aflagde professor Frank Pecquet og hans team fra Sorbonne Universitet, Paris, lokaliteten i Gedser et besøg.

Formålet var at udarbejde en web-doc om Johannes Juuls berømte **Eolienne de Gedser** - **http://www.ariadr.fr/les-webdocs/gedser/**.

Opholdet på det blæsende areal ved det gamle mølletårn gav allerede på dette tidspunkt tanker om at rekonstruere Juuls opfindelse på det oprindelige forsøgsområde.

Lydoptagelser af vingesuset fra den nyere nacelle inspirerede den franske professor og komponist til det, der i dag er en affyringsklar **Offshore Symphony,** hvor Gedser Forsøgsmølle skal optræde som the leading voice. De tekniske detaljer, bl.a. ved download af apps, er på plads.

Frank Pecquets planer om at konvertere vindenergi fra Gedser Forsøgsmølle til musik – gav 8. august 2018 anledning til at introducere **Gedser Ginkgo Soundgarden**. Som en slags forspil på, hvad der er i vente med **Offshore Symphony.**

Med stor opbakning fra lokalområdet blev materialer til vind-skulpturer leveret – og den altid nærværende blæst kvitterer med alskens lyde og toner fra fløjtende jernrør, klirrende køkkenting, skramlende øldåser, rungende lampeskærme, klikkende lyde af sten-mod-sten konstruktioner, sprøde toner fra drivtømmer osv.

I starten af 2019 blev leaser pga. misligholdelse af leasingkontrakt indbragt for Fogedretten. Leaser mødte ikke op i Fogedretten og han foreslog i stedet et forlig, hvor han accepterede nedtag af hans Wincon-nacelle forudsat at kunne tjene penge på den frem til 30. september 2019.
Nedtag fandt dog først sted 4. november 2019.

Ejendommens staldbygning er omdannet til galleri, forlag og museum.

Museet omfatter bl.a. en præsentation af vindmølle-pionerer med info om deres opfindelser/konstruktioner.

Igangværende udstillinger

Ingrid Marie Kristensen anvender motiver og materialer fra Gedsers strandarealer. Ingrid indledte udstillingen i august 2020 i staldbygningen og heldigvis udvides udstillingen løbende, så den nu er permanent og til stor fornøjelse for turister og lokale, der opsøger lokaliteten ved Gedser Forsøgsmølle.
Ingrid har base i Solrød Strand, men hun og ægtemanden er blevet så begejstret for Sydfalsters unikke natur, at de har købt et feriehus i Gedser.

Kranse bundet af blomster i august.
I november blev en krans
kreeret af kviste og nedfaldne grene.

Ingrid forstår at bruge lyset fra de gamle staldvinduer og ophænget i loftsbjælkerne til alskens uroer.
Alle er baserede på fund i Gedser. Hun har til stor begejstring for os, der bor på Korsagervej 14, malet Ginkgo-blade (som et apropos til Gedser Ginkgo Soundgarden) og vindmøller (som et yderligere apropos til Gedser Forsøgsmølle). Bestilling af Ingrids værker kan ske på mail: ingridmariedesign104@gmail.com

Søren Poulsen er musiker og komponist med eget pladestudie i Gedser. Faciliteterne, Søren tilbyder, har gennem flere årtier været populære blandt orkestre og solister. Havudsigt og Gedsers barske vejrforhold har inspireret kunstnerne under arbejdet med at producere og udgive deres musik.

Mere information: http://www.oersound.dk/index.html

Mail: oersound@gmail.com Mobil: **6170 4218**

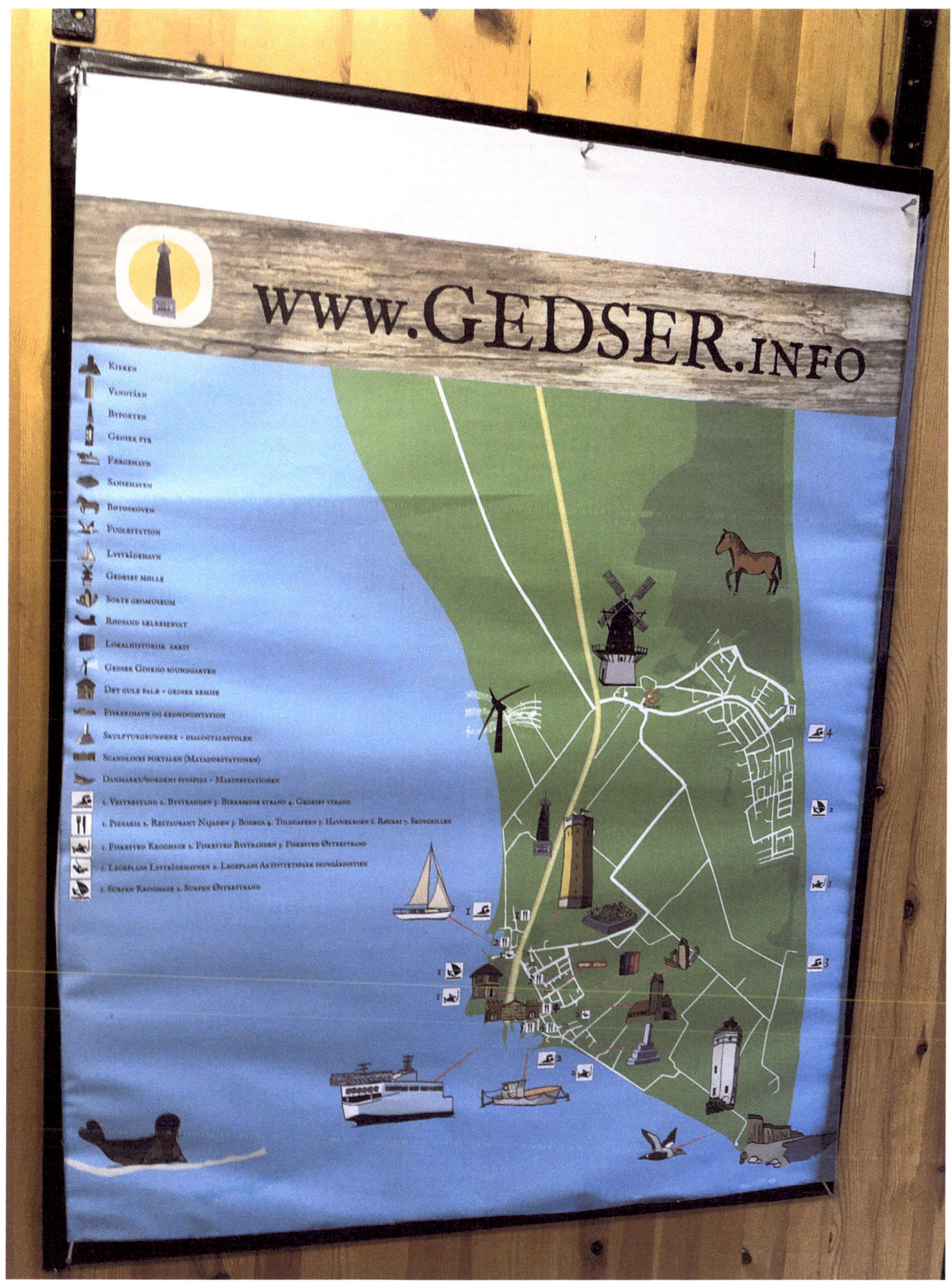

Naja Sørensen er tysk gift og bosiddende i Berlin. Til Folketidende oplyser Naja 5. september 2018, at "da hendes to voksne sønner valgte at flytte til Danmark for at studere, syntes Naja Sørensen, at hun så dem for lidt på grund af afstanden mellem København og Berlin. Derfor købte hun et hus i Gedser og fik øjnene op for, at byen rummer meget mere end en færgehavn. "

Naja og sønnen Malik Dimter har oprettet hjemmesiden www.gedser.info. Samt har de produceret en plakat, som også er ophængt i stalden på Korsagervej 14. Bemærk, at Gedser Forsøgsmølle og soundgarden optræder mellem de øvrige attraktioner på Sydfalster og Gedser.

Susanne Helmark har foræret os denne smukke plakat af Gedser Ginkgo Soundgarden, inkl. Gedser Forsøgsmølle. Bl.a. til brug i markedsføring og som her i bogen.